# Einleitung

*Sowohl im häuslichen Umfeld als auch in der freien Natur müssen wir darauf achten, dass unsere Hunde nichts für sie Gefährliches aufnehmen und verschlucken.*

Spielen, erkunden, Erfahrungen sammeln – Hundekinder sind die geborenen Eroberer. Was immer sie entdecken, es wird ausgiebig beschnuppert, betastet und ins Mäulchen genommen und auf seine Schmackhaftigkeit, Spieltauglichkeit oder Beißfestigkeit hin getestet. Ein bekömmlicher Happen Obst oder Trockenpansen ist ihnen dabei ebenso lieb wie ein paar duftende Giftpflanzensamen, ein winziges poröses Gummibällchen oder ein sperriger Blumentopf aus brüchigem Kunststoff. Denn selten nur wissen die kleinen Hunde instinktiv, was ihnen gut tut. Wie sollten sie das auch in einer Welt voll künstlich geschaffener Produkte, die

3

*Der Hund sollte jederzeit zuverlässig auf Zuruf herankommen.*

*Hunde sollten ohne Erlaubnis von niemandem etwas entgegennehmen.*

allesamt ihre Neugier wecken. Welpen sind demzufolge besonders gefährdet, Substanzen aufzunehmen, die ihrer Gesundheit schaden.

Doch selbst im Erwachsenenalter droht Hunden noch Gefahr, denn schnell sind beim lustigen Spurt durchs frisch mit Pestiziden behandelte Getreidefeld einige Büschel der saftig grünen Halme abgerissen und verschlungen, oder ein Giftköder ist aus der lockenden Hand eines Hundehassers entgegengenommen und abgeschluckt. Es liegt demnach allein in der Verantwortung von uns Hundehalterinnen und Hundehaltern, dafür Sorge zu tragen, dass unsere Tiere weder Giftiges noch Unbekömmliches zu sich nehmen.

Eine gewissenhafte Grunderziehung des Hundes, bei der er lernt, auf Zuruf prompt zurückzukommen und einen „leckeren Fund" unverzüglich fallen zu lassen oder abzugeben, sobald er dazu aufgefordert wird, gehört unbedingt dazu. Gründlich üben sollte man mit seinem Vierbeiner darüber hinaus, dass er niemals unaufgefordert etwas von Fremden annimmt. Das klingt hart, ist aber in der heutigen Zeit ein Muss in der Ausbildung! Doch nicht nur unser Hund muss lernen, auch wir selbst sollten uns kundig machen, denn nur wer über mögliche Gesundheitsgefährdungen Bescheid weiß, kann sein Tier wirklich umfassend schützen.

## Hinweis

■ ■ ■ ■

*Die Sorgfaltspflicht des Menschen ist gefragt – heute mehr denn je!*

*Bei manchen Wildpflanzen kann bereits das Kauen auf den Ästen zu Vergiftungserscheinungen führen.*

# Giftpflanzen

Ob im heimischen Garten oder beim Spaziergang Hunde reißen gern mal einen Zweig aus dem Gebüsch und beknabbern ihn genüsslich, oder sie buddeln in der Erde und graben dabei auch Wurzeln aus, auf denen sie dann herumkauen. Gerade Jungtiere nehmen oft Früchte oder Pflanzensamen auf, um daran zu lutschen oder sie zwischen ihren Backenzähnen zu zerquetschen. Aber nicht nur draußen, auch im Haus lauert Gefahr, zum Beispiel in Form von Zimmerpflanzen oder Blumenarrangements. Vergiftungen durch die Aufnahme hochtoxischer (giftiger) Inhaltsstoffe von Wild- und Zierpflanzen kommen bei Hunden weitaus häufiger

vor als allgemein angenommen. Ihr Schweregrad richtet sich unter anderem nach der aufgenommenen Giftmenge, der allgemeinen Konstitution des Hundes und seinem Alter. Welpen, alte, kranke und trächtige Hunde zeigen meist die schwersten Symptome. Wird (nur) ausdauernd an giftigem Pflanzenmaterial geknabbert, kommt es schnell zu heftigem Speicheln und zu Rötung und Schwellung von Zungen-, Maul- sowie Rachenschleimhaut. Auch sehr schmerzhafte Geschwüre können sich dort rasch bilden. Werden giftige Pflanzensäfte oder Pflanzenteile wie Rinde, Blätter, Beeren und Wurzeln verschluckt, reagieren Hunde in der Regel mit Erbrechen, Durchfall und meist auch mit neurologischen Symptomen wie Zitterkrämpfen oder Herzrhythmusstörungen.

*Grasfressen kann viele Ursachen haben ... Spaß am Knabbern, ein verdorbener Magen oder eine zu ballaststoffarme Ernährung. Ein Zuviel an Gras kann jedoch zu Reizungen der Dickdarmschleimhaut führen.*

## Für Hunde besonders giftige Garten- und Wildpflanzen

| Pflanze (wissenschaftlicher Name) | Giftige Inhaltsstoffe (Pflanzenteile mit den höchsten Giftkonzentrationen) | Symptome beim Hund nach Aufnahme über den Mund |
|---|---|---|
| Alpenrose, Azalee (Rhododendron spec.) | Grayanotoxin (ganze Pflanze) Vorsicht: Auch rhododendron- haltiger Rindenmulch kann gefährlich sein! | Speicheln, Augen- und Nasenaus- fluss, Erbrechen, Durchfall, Puls- und Blutdruckabfall. Hoch dosiert: Tod durch Atemlähmung |
| Aronstab (Arum maculatum) | Aroin (ganze Pflanze, Beeren – schmecken süß) | Starke Schleimhautschwellungen, Speicheln, Erbrechen, Pulsanstieg, Krämpfe. Hoch dosiert: Koma, Tod |
| Buchsbaum (Buxus sempervirens) | Cyclobuxin (vor allem junge Rinde, Blätter frisch sowie getrocknet) | Erbrechen, Durchfall, Erregungs- zustände, Krämpfe; Tod durch Atemlähmung. Tödliche Dosis: 5 Gramm Blätter pro Kilogramm Körpermasse |

# Für Hunde besonders giftige Garten- und Wildpflanzen

| Pflanze (wissenschaftlicher Name) | Giftige Inhaltstoffe (Pflanzenteile mit den höchsten Giftkonzentrationen) | Symptome beim Hund nach Aufnahme über den Mund |
|---|---|---|
| Eberesche (Sorbus aucuparia) | unter anderem Amygdalin (Beeren) | Erbrechen, Magen-Darm-Entzündung nach Aufnahme größerer Mengen frischer Beeren |
| Efeu (Hedera helix) | Saponine (Samen, Blätter, Beeren – schmecken bitter) | Speicheln, Brechdurchfall, Magen-Darm-Entzündung, Krämpfe |
| Eibe (Taxus baccata) | Taxin, hochgiftig (alle Pflanzenteile, ob frisch oder getrocknet, mit Ausnahme des roten Fruchtfleisches der Beeren) | Erbrechen, Durchfall, Pulsanstieg, Atemnot, Koma. Tödliche Dosis für einen mittelgroßen Hund: 30 Gramm Nadeln |
| Fingerhut (Digitalis purpurea) | Digitalis-Glykoside (vor allem Blätter) | Durchfall, Erbrechen, Herzrhythmusstörungen nach Kauen größerer Mengen Blätter |
| Fliegenpilz (Amanita muscaria) | vor allem Muscimol (alle Pflanzenteile) | Speicheln, Darmkoliken, Erregung, erweiterte Pupillen, Kollaps |
| Ginster (Cytisus spec.) | Cytisin | Nach wenigen Minuten heftiges Erbrechen, Durchfall, Kollaps |
| Goldregen (Laburnum anagyroides) | Cytisin (vor allem Blüten, Samen und Wurzeln – letztere beide schmecken süß). Schon „Stöckchenkauen" ist extrem gefährlich! | Nach wenigen Minuten heftiges Erbrechen, Durchfall, Kollaps. Tödliche Dosis: 2 bis 7 Gramm Samen pro Kilogramm Körpergewicht |
| Herbstzeitlose (Colchicum autumnale) | Colchicin (ganze Pflanze) | Gift wird langsam resorbiert, daher erst nach mehreren Stunden Schluckbeschwerden, Brechdurchfall, Darmkrämpfe; Tod durch Atemlähmung nach Aufnahme mehrerer Samen |
| Hortensie (Hydrangea spec.) | Saponine, Blausäure abspaltende Stoffe (unter anderem in frischen und getrockneten Blüten) | Heftige Magen-Darm-Entzündungen mit blutigem Durchfall und Zitteranfällen |

## Für Hunde besonders giftige Garten- und Wildpflanzen

| Pflanze (wissenschaftlicher Name) | Giftige Inhaltstoffe (Pflanzenteile mit den höchsten Giftkonzentrationen) | Symptome beim Hund nach Aufnahme über den Mund |
|---|---|---|
| Lebensbaum (Thuja spec.) | Thujon (vor allem Spitzen der Zweige) | Krämpfe, Magen-Darm-Entzündungen |
| Narzisse, gelbe und echte (Narcissus spec.) | Giftige Alkaloide (Zwiebel) | Würgen, Erbrechen, Kollaps |
| Oleander (Nerium oleander) | Herzglykoside, extrem giftige Alkaloide (unter anderem im Pflanzensaft) | Speicheln, Erbrechen, Durchfall, Krämpfe, Atemnot, Herzrhythmusstörungen. Hoch dosiert: Herzstillstand |
| Pfaffenhütchen (Euonymus europaea) | Herzglykoside (Samen, Blätter, Rinde) | Meist erst nach mehreren Stunden Brechdurchfall, Koliken, Kurzatmigkeit, Kollaps |
| Seidelbast (Daphne mezereum) | Mezerin, ätherische Öle (Beeren, Blätter, Zweigrinde) | Schleimhautschwellungen, Erbrechen, Darmkoliken, beschleunigter Puls, Atemnot, Kollaps |
| Tollkirsche (Atropa belladonna) | Atropin (alle Pflanzenteile, vor allem Beeren) | Stark erweiterte Pupillen, psychomotorische Unruhe, Schüttelkrämpfe, Puls-, Blutdruck- und Körpertemperaturanstieg |
| Zypressenwolfsmilch (Euphorbia cyprissias) | Euphorbon (Samen, Milchsaft) | Heftige Schleimhautreizungen, Durchfall, Kollaps (an unbehaarten Stellen der Haut Quaddelbildung nach Berührungskontakt) |

*Die Herbstzeitlose wächst häufig auf Wiesen und ist für Hunde giftig.*

*Schon das Beknabbern bestimmter Gartenpflanzen kann zu stark juckenden Hautentzündungen führen.*

## Hinweis

**Die für Hunde giftigsten Zimmerpflanzen:**

Alpenveilchen (Cyclamen persicum)

Birkenfeige (Ficus benjamini)

Christdorn (Paliurus spinachristi)

Dieffenbachie (Dieffenbachia spec.)

Fensterblatt (Monstera deliciosa)

Flamingoblume (Anthurium scherzerianium)

Klivie (Clivie spec.)

Kroton (Croton spec.)

Philodendron (Philodendron spec.)

Primel (Primula spec.)

Weihnachtsstern (Euphorbia pulcherrima)

Wolfsmilchgewächse (Euphorbia spec.)

Zimmerkalla (Zantedeschia aethiopica)

*Hat der Hund erst einmal etwas Giftiges gefressen, kann oft nur noch der Tierarzt helfen.*

### Erste-Hilfe-Maßnahmen

Wird der Hund bei der Aufnahme einer giftigen Substanz beobachtet, bringt man ihn als Erstes aus dem Gefahrenbereich, nimmt ihm noch verbliebene Giftreste aus dem Maul und transportiert ihn sofort zum Tierarzt. Sind Giftpflanze beziehungsweise Chemikalie nicht bekannt, sollte unbedingt etwas Pflanzenmaterial oder die Chemikalienpackung in die Praxis mitgenommen werden – das erleichtert die Diagnose und Behandlung.

Wichtig: Keine Zeit mit eigenen möglicherweise völlig unzweckmäßigen oder sogar schädlichen Behandlungsversuchen verschwenden! Nur wenn wirklich weit und breit keine tierärztliche Hilfe zur Verfügung steht und man sicher weiß, welche Gifte der Hund aufgenommen hat – und wenn darüber hinaus noch Wasser sowie Kochsalz in greifbarer Nähe sind –, darf man, um das Leben des Tieres zu retten, selbst therapieren.

Damit die Giftstoffe seinen Magen schnell verlassen und erst gar nicht in nennenswerter Menge über die Darmschleimhäute aufgenommen werden können, verabreicht man dem Hund so rasch wie möglich nach der Giftaufnahme – aber völlig ohne Hast – ein Brechmittel aus drei Teelöffeln Salz auf eine Tasse Wasser. Doch Vorsicht: Handelt es sich bei den aufgenommenen Giften um stark reizende Chemikalien wie etwa Säuren und Laugen, darf keinesfalls Erbrechen ausgelöst werden (die Rachenschleimhäute würden dann erst recht verätzt) – ebenso wenig, wenn der Hund sich beim Einflößen heftig wehrt oder nicht mehr bei Bewusstsein ist: Hier könnte Salzwasser in seine Lunge geraten.

*Man sollte die Individualwerte des eigenen Hundes kennen, um eine Vergiftung schneller feststellen zu können.*

### Hinweis

#### Das geschieht beim Tierarzt:

• *Das Gift wird aus dem Körper des Hundes entfernt – durch Brechmittel, Magenspülung, Förderung der Ausscheidung über Darm beziehungsweise Nieren.*

• *Um eine weitere Giftresorption im Körper zu verhindern, werden dem Hund gegebenenfalls Gift bindende Substanzen wie Medizinalkohle eingegeben.*

• *Falls ein Gegenmittel (Antidot) existiert, was selten vorkommt, wird der aufgenommene Giftstoff damit unwirksam gemacht; zum Beispiel Vitamin K1-Gabe bei Vergiftungen mit Rattengift (Cumarin/Warfarin).*

• *Die Folgen der Vergiftung werden behandelt mittels Schocktherapie, künstlicher Beatmung, Ruhigstellung und dergleichen.*

## Vitalfunktionen beim Hund

| Normalwerte | Beeinflussung in Abhängigkeit des Alters und der Körpergröße des Hundes | Bestimmung der Vitalfunktionen |
|---|---|---|
| Rektaltemperatur: 37,5 bis 39,0 Grad Celsius | Kleine oder junge Hunde haben höhere Werte als große oder alte Tiere. | Elektronisches Fieberthermometer verwenden, das an der Spitze mit Vaseline eingerieben wird! |
| Atemfrequenz: 20 bis 50 Atemzüge pro Minute | Kleine oder junge Hunde atmen häufiger ein und aus als große oder alte Tiere. | Bei Atemstillstand Mund-zu-Nase-Beatmung durchführen. Dazu Fang des Hundes schließen und umschlossen halten, während ruhig in seine Nasenlöcher hinein ausgeatmet wird (zirka zehn Atemzüge pro Minute). |
| Herzfrequenz: 70 bis 120 Schläge in der Minute | Je kleiner und je jünger der Hund, umso höher die Pulszahl. | Am besten tastbar auf der Innenseite der Oberschenkel. |

*Bei großer Hitze steigt die Atemfrequenz und natürlich auch der Wasserbedarf des Hundes.*

## Hinweis

*Üben Sie die Bestimmung der Vitalparameter Ihres Hundes gelegentlich, sowohl nach Belastung als auch in Ruhe, dann haben Sie Vergleichswerte für den Ernstfall.*

*Gerade Junghunde verschlucken oder beknabbern gerne Gegenstände, die nicht für ihren Magen bestimmt sind.*

# Chemikalien und Fremdkörper

Leichtsinn, Unbedachtheit oder Unkenntnis bei uns Menschen gepaart mit der Neugierde und dem sprühenden Temperament unserer Vierbeiner können verhängnisvolle Kombinationen ergeben, die vor allem die Tiere in große Gefahr bringen. Schauen wir uns deshalb das Umfeld, in dem sich unser Hund aufhält, genauestens an und treffen möglichst weit reichende Vorkehrungen, damit ihm – in einem unbeaufsichtigten Augenblick – nicht doch etwas zwischen die Kiefer gerät, das ihm schaden könnte.

*In Pfützen können sich Pestizide ansammeln. Trinkt der Hund das belastete Wasser, kann es für ihn gefährlich werden.*

Und denken wir auch daran, wie pfiffig und gelenkig Hunde sein können und mit welcher Ausdauer sie daran arbeiten, ihr Ziel zu erreichen: Der gerade in zwei Meter Höhe aufgehängte und gleich darauf vermisste Meisenknödel – vermeintlich von einer Elster als Ganzes vom Ast gerissen – fand sich nach zwei Tagen als sonnenblumenkerngespicktes Netzknäuel im Kot unserer jungen Hündin. Auch ein verschwundenes Baumwollsöckchen wurde Wochen später in einem vertrockneten Hundehaufen unterm Gebüsch entdeckt. Das Textil hatte den gesamten Verdauungstrakt der Hündin durchwandert und besaß nun eine spiralig aufgezwirbelte würstchenähnliche Form. Doch es hätte auch ganz anders enden können – in einer Notoperation zum Beispiel.

## Gesundheitsgefährdende Chemikalien

### Pestizide

*Vorkommen:*

- In flüssiger Form (unter anderem an jungen Getreidehalmen, Rebstöcken, Kultur- und Gartenpflanzen) oder als Granulat am Feldboden. Sie können ausgewaschen werden und sich in Pfützen ansammeln. Gefährdung durch Auflecken, Ablecken, Fressen ganzer Halme oder der Körnchen.
- Als Floh- und Zeckenschutzmittel. Gefährdung durch Ablecken größerer Mengen der aufs Fell gesprühten oder gepuderten Mittel oder durch Zerbeißen und Auflecken des Ampulleninhaltes so genannter Spot-on-Präparate.

*Auch auf Pflanzen abgelagerte Pestizide können beim Beknabbern vom Hund aufgenommen werden. Außerdem sind Holzstückchen ohnehin kein geeignetes Kauspielzeug, da sie im Mundraum Verletzungen verursachen können.*

• In Giftködern, die gezielt ausgelegt werden (Rattengift, Schneckenkorn, Ameisenstreuköder, Schabenfallen). Achten Sie unbedingt auf Warntafeln, etwa in öffentlichen Anlagen, die auf Mäuse- und Rattenvernichtungsaktionen hinweisen! Führen Sie Ihren Hund dort niemals pazieren! Auch an Pestizidvergiftung verendete Kleintiere, die der Hund frisst, sind extrem gefährlich.

*Vergiftungssymptome:*
Pestizide wirken beim Hund vor allem als Nervengifte (Neurotoxine). Symptome sind unter anderem: Speicheln, Erbrechen, Zittern, Krämpfe, Lähmungen, Blutaustritt aus Nase, Maul und Anus, Abfall der Körpertemperatur, Schwäche, Bewusstlosigkeit und Atemstillstand.

**Düngemittel**
*Vorkommen:*
• Als Granulat oder winzige Kristalle besonders auf Getreidefeldern und Ackerflächen – auch sie können ausgewaschen werden und sich in Pfützen ansammeln. Trinkt der Hund größere Mengen daraus, kann es zu Vergiftungserscheinungen kommen.
• In Rindenschrot oder anderen düngemittelhaltigen Produkten für die Anwendung im Garten und bei Zimmerpflanzen (aktuell: Rinzinhaltiges Schrot führte zu Todesfällen bei mehreren Hunden).

*In Gräben zwischen Acker- oder Weideflächen können sich Düngemittel anreichern, die in größeren Mengen aufgenommen Vergiftungserscheinungen auslösen.*

*Tennisbälle sind zwar beliebte Spielzeuge, schaden aber auf Dauer dem Zahnschmelz und können giftige Chemikalien enthalten.*

*Vergiftungssymptome:*

Düngemittel sind hoch giftig, sie schädigen vor allem die inneren Organe und das Herz-Kreislauf-System des Hundes. Der Tod kann durch Atemlähmung eintreten.

### Andere Chemikalien

*Vorkommen etwa in Form von:*

- Frostschutz- und Lösungsmitteln, Treibstoffen, Synthetikölen
- Holzschutzmitteln, Farben und Lacken, Klebstoffen (Vorsicht auch bei Klebestiften, Textmarkern und anderen Büroartikeln)
- Haushaltsreinigern (besonders giftig sind Abfluss- und WC-Reiniger), Wasch- und Desinfektionsmitteln
- Trockenspiritus für Campingkocher (ähnelt Würfelzucker!)

*Vergiftungssymptome:*

Je nach aufgenommener Wirksubstanz und Menge kommt es zu Speicheln, heftigem Erbrechen, Verätzungen der Schleimhäute, Krämpfen, Veränderungen des Geruchs der Ausatemluft, Bewusstlosigkeit und Atemlähmung.

## Medikamente

Einzelne pharmakologische Substanzen wirken beim Hund erst in einer vielfach höheren Dosierung als beim Menschen toxisch (Beispiel: Schilddrüsenhormon Thyroxin), andere wiederum können schon in kleinsten Dosen starke Vergiftungserscheinungen auslösen oder chronische Schädigungen nach sich ziehen. Je nachdem, zu welcher Präparategruppe das

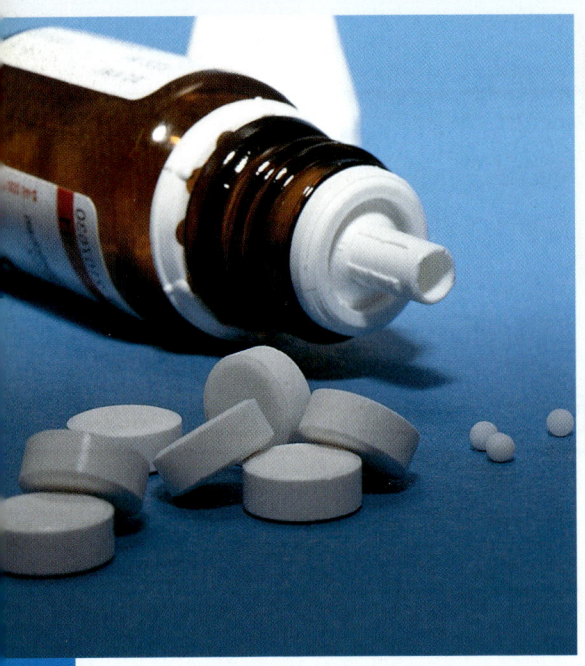

*Medikamente sollten stets sicher aufbewahrt werden!*

## Hinweis

*Nimmt der Hund größere Mengen Teebaumöl zu sich (indem er beispielsweise das zur Flohprophylaxe auf sein Fell aufgetragene Präparat ableckt), kann es zu Vergiftungserscheinungen kommen, die sich unter anderem mit Zittern und Gleichgewichtsstörungen bemerkbar machen.*

## Gefährliche Fremdkörper

Kein Knabberspaß für Hunde sind:

verschluckte Medikament gehört und wie viel davon aufgenommen wurde, kommt es zu heftigen Erregungszuständen, Zitterkrämpfen, drastischen Veränderungen der Körpertemperatur, flacher Atmung, schnellem Puls oder tiefer Bewusstlosigkeit.

Wichtig: Der Hund darf niemals ohne Rücksprache mit dem Tierarzt Medikamente bekommen, die für den menschlichen Gebrauch bestimmt sind. Auch Überdosierungen bei Tierarzneien sind zu vermeiden. Vorsicht: Akute Medikamentenvergiftungsgefahr besteht, wenn sich der Hund an illegal entsorgten Müllbeuteln zu schaffen macht. Oft werden Medikamentenreste einfach weggeworfen.

- Schlecht verarbeitetes Hundespielzeug. Vorsicht auch bei losen Noppen, integrierten Glöckchen und winzigen Gummibällen! Sie können verschluckt werden oder im Rachen hängen bleiben und zu Atemnot sowie Ersticken führen.
- Tierische Knochen: Sie bergen erhebliche Verletzungsgefahren, zudem kann es nach dem Verzehr zu akuter Verstopfung und Darmverschluss oder zu Erbrechen kommen.
- Getrocknete Luftröhrenringe, die nicht der Länge nach aufgeschnitten wurden: Sie können sich über die Zunge des Hundes stülpen und lebensbedrohliche Erstickungsanfälle auslösen.
- Kinderspielzeug. Vorsicht bei allen Kleinteilen! Auch vermeintlich fest integrierte Knopfaugen oder Kunststoffnasen von Plüschtieren halten Hundezähnen nicht lange stand; Nähte reißen leicht und geben die winzigen

*Das Verschlucken eines kaputten Luftballons kann im schlimmsten Fall zu Darmverschluss führen.*

*Vorsicht bei Spielzeug mit Noppen! Lösen sich die Noppen, werden sie von Welpen schnell verschluckt.*

Kunststoffkügelchen des Innenlebens frei, die verschluckt oder inhaliert werden können.

- Hartkunststoffartikel wie Blumentöpfe und Gießkannen, Glas und andere scharfkantige Gegenstände: heftig blutende Verletzungen der Darmwand sind möglich. Sauerkraut, das betroffenen Hunden in größeren Mengen gefüttert wird, kann helfen, die verschluckten Fremdkörper so lange zu ummanteln, bis sie erbrochen werden oder den Darm passiert haben.

- Verpackungsmaterialien mit Metallteilen wie Heft- und Büroklammern beziehungsweise Wursthüllen mit Verschlussklammern. Alu- und Kunststofffolien können sich im Darm des Hundes zu großen Ballen zusammenklumpen und zu Darmverschluss führen.

- Zapfen von Nadelbäumen, Maiskolben sowie große Klettensamen: Beim Abschlucken kön

nen sie Würgereiz auslösen und zum Ersticken führen. Auch erhebliche Magen-Darm-Störungen sind möglich.

- Steine, Hydrokulturkügelchen, Stein- und Kernobst: Abgesehen von der Entwicklung eines „Steinbeißergebisses" können Steine verschluckt werden und zu Magen-Darm-Problemen sowie Darmverschluss führen. Vorsicht bei süßem Fallobst: Hunde können enorme Mengen an Kirschen, Pflaumen und Mirabellen mitsamt den darin enthaltenen Fruchtsteinen konsumieren. Werden diese zerbissen, besteht zudem die Gefahr einer Blausäurevergiftung (siehe Kapitel „Nahrungs- und Genussmittel", Abschnitt „Pflanzliche Lebensmittel"

- Herumliegende Textilien wie Socken und Ähnliches. Sie können als Ganzes verschluckt werden und zu Darmverschluss führen.

*Herumliegende Textilien sind kein geeignetes Spielzeug!*

## Hinweis

■ ■ ■ ■

An vielen Stränden liegen mit Ködern bestückte Angelhaken herum. Beim Fressen des Köders kann auch der Angelhaken mit abgeschluckt werden und dann Magen- und Darmwände des Hundes durchbohren. Wird nicht sofort operiert, stirbt der Hund einen qualvollen Tod. Ein Maulkorb, der unbedingt ins Urlaubsgepäck gehört, kann die Aufnahme solcher Fremdkörper verhindern.

*Das richtige Hundespielzeug muss den Hundezähnen widerstehen und darf keine Giftstoffe enthalten.*

*Nicht alles, was uns Menschen schmeckt, ist auch für den Hund gut!*

# Nahrungs- und Genussmittel

Es sind nicht nur die offensichtlichen Giftstoffe, Fremdkörper und echten Giftpflanzen, die bei Hunden zu starken gesundheitlichen Beeinträchtigungen, schlimmstenfalls zum Tod, führen können, auch verschiedene pflanzliche oder tierische Lebensmittel, die wir Menschen unbekümmert genießen, können bei ihnen ernste Schäden anrichten. Das liegt daran, dass sich einzelne stoffwechselphysiologische Reaktionsschritte bei Hund und Mensch etwas unterscheiden. Fehlt dem Hund beispielsweise ein bestimmtes Verdauungsenzym, kann er die-

jenigen Nahrungsbestandteile, die speziell dieses Enzym für ihre Verstoffwechselung benötigen, nur mangelhaft oder überhaupt nicht abbauen. Gesundheitsgefährdende Stoffwechselschlacken reichern sich an (kumulieren). Starke Verdauungsbeschwerden und Vergiftungen sind die Folge.

## Pflanzliche Lebensmittel

Die fettreiche Avocado würde auch unseren Vierbeinern munden, doch ihr Fruchtfleisch enthält Persin, eine Substanz, die für Hunde extrem giftig ist. Wie bei einigen anderen Tierarten (unter anderem Rinder, Pferde, Schafe, Ziegen) führt Persin bei ihnen zu schwersten Herzmuskelschädigungen und nicht selten zum Tod. Bereits kleinere Mengen verursachen Husten, Atemnot und starken Pulsanstieg.

Ob roh, gegart oder in Pulverform – auch die beliebte Küchenzwiebel kann die Gesundheit unserer Vierbeiner erheblich gefährden. Der Grund sind die enthaltenen Schwefelverbindungen Allylpropylsulfid und N-Propyldisulfid, die bei Hunden die Zerstörung der roten Blutkörperchen bewirken und damit eine lebensbedrohliche Blutarmut auslösen können. Schon fünf Gramm Küchenzwiebeln (auch Schalen) pro Kilogramm Körpermasse verursachen Vergiftungserscheinungen wie Erbrechen, Durchfall, Schwächeanfälle und Beschleunigung von Puls und Atmung. Vorsicht: Auch große Mengen an Knoblauch können solche Wirkungen haben!

Ausgesprochen gefährlich ist es, wenn Hunde freien Zugang zu Fallobst haben und beim Verzehr der Früchte (zum Beispiel Kirschen, Pflaumen, Aprikosen, Pfirsiche, Äpfel, Birnen)

anderem die ätherischen Öle, könnten sonst zu Vergiftungserscheinungen führen. Werden einer hochträchtigen Hündin regelmäßig mehrere große Büschel Petersilie verfüttert, kann das vorzeitige Wehen auslösen und damit Frühgeburten zur Folge haben. Nach übertriebenem Salbei- und Pfefferminzpflanzenkonsum wurden bei einzelnen Hunden Zitterkrämpfe beobachtet.

Tofu, das quarkähnliche Produkt aus Sojabohnen, ist für Hunde schwer verdaulich. Magenblähungen und weicher Kot sind nach zu reichlicher Tofu-Fütterung keine Seltenheit. Besser geeignet für die Hundeernährung ist Magerquark.

*Hunde graben gerne nach Pflanzenwurzeln, die ihnen aber nicht immer gut bekommen.*

deren Samen zerbeißen. In den Samen von Stein- und Kernobst finden sich hohe Konzentrationen an Amygdalin, einem Blausäure abspaltenden Glykosid, das die Zellatmung blockiert und den Organismus bereits auf zellulärer Ebene schädigt. Ein bis zwei Apfelbutzen pro Woche bergen freilich noch keine Gefahr für den Hund – bei regelmäßigem Verzehr von blausäurehaltigen Pflanzenteilen jedoch können sich starke neurologische Störungen einstellen.

Auch eine Hand voll zerstoßene Leinsamen, zehn bittere Mandeln oder ein paar unreife Walnüsse können zu lebensbedrohlichen Vergiftungserscheinungen führen. Selbst Heil- und Gewürzkräuter sollten dem Hundefutter nur in kleinen Portionen beigegeben werden. Ihre pharmakologisch wirksamen Stoffe, unter

## Hinweis

*Zu viel Getreide im Futter tut Hunden nicht gut, denn Getreide wie Weizen, Hafer, Hirse, Mais oder Reis enthält erhebliche Mengen an Phytinsäure (vgl. S. 21). Zudem kann ein zu hoher Ballaststoff- beziehungsweise Kohlenhydratanteil des Futters im Dickdarm zu Fehlgärungen oder Verstopfung führen. Wichtig: Die hohen Phosphatgehalte von Getreide müssen durch angemessene Kalziumgaben ausgeglichen werden, damit der Mineralstoffhaushalt nicht aus dem Gleichgewicht gerät.*

## Nutzpflanzen und ihre Wirkung im Hundeorganismus

| Nutzpflanzen | Giftige beziehungsweise schwer verdauliche Inhaltsstoffe | Roh | Gegart beziehungsweise hitzebehandelt |
|---|---|---|---|
| Karotten | – | Ziemlich schlecht verdaulich | Gut verdaulich – zusammen mit etwas Öl sogar sehr gute Vitaminspender |
| Kartoffeln | Solanin, giftiges Alkaloid an den grünen Stellen, den Augen und im Kochwasser! Wird durch Garen nicht unschädlich gemacht, muss großzügig weggeschnitten werden | Nicht verdaulich | Gut verdaulich – gute Eiweiß- und Energiequelle |
| Kohlpflanzen | Stachyose und Raffinose – unverdauliche Oligosaccharide, werden im Darm bakteriell vergoren, was zu Blähungen führt | Nicht verdaulich | Sehr schlecht verdaulich, gärfähig – erhöhen Gefahr der Magendrehung; größere Mengen führen zu Bauchkrämpfen |
| Hülsenfrüchte (Erbsen, Gartenbohnen, Sojabohnen und so weiter) | Stachyose – siehe oben Phytinsäure – bindet Kalzium, Magnesium, Eisen sowie Zink; verschlechtert damit die Mineralstoffversorgung Phasin – hitzelabiles Phytohämagglutinin (Lektin), das eine Zusammenballung der roten Blutkörperchen bewirkt. Es wird durch 15-minütiges Kochen weitgehend inaktiviert Proteaseinhibitoren – hemmen Eiweißverdauung. Werden durch Keimen beziehungsweise fünf- bis 15-minütiges Kochen inaktiviert | Giftig | Schlecht verdaulich, gärfähig – größere Anteile im täglichen Futter führen zu Blähungen, Flatulenzgasen und erhöhtem Risiko einer Magendrehung. Werden gegarte Hülsenfrüchte zusammen mit Fett gegeben, sind sie etwas besser verdaulich, da Fett die Gasbildung der Darmbakterien reduziert |

## Tierische Produkte

Kuhmilch enthält neben Eiweiß und Fett hohe Anteile an Milchzucker (Laktose). Milchzucker kann von ausgewachsenen Hunden jedoch schlecht verdaut werden, weshalb eine plötzlich einsetzende Kuhmilchfütterung heftige Gärungsprozesse im Darm und damit Verdauungsstörungen und Durchfall nach sich zieht.

Werden der Hundenahrung stattdessen über mehrere Wochen hinweg kleine, ansteigende Mengen an Kuhmilch zugegeben, etwa zum Einweichen von Trockenfutter, gibt es meist keine Probleme mit der späteren täglichen Beimengung, denn der Organismus kann sich hierbei langsam an die neue Beikost gewöhnen und die Stoffwechselkapazität seiner an der Verdauung des Milchzuckers beteiligten Enzyme

*Gibt es Probleme beim Säugen, sollten die Welpen unbedingt mit Hundeersatzmilch und nicht mit Kuhmilch gefüttert werden, da sie sonst heftige Verdauungsbeschwerden bekommen.*

*Nur Hunde, die körperlich stark gefordert sind, dürfen fetthaltig ernährt werden.*

Schritt für Schritt steigern. Da Menge und Leistungsfähigkeit dieser so genannten Laktasen beim erwachsenen Hund nur in eingeschränktem Umfang erhöht werden können (wobei zudem noch erhebliche individuelle Unterschiede auftreten), sollten pro Tag nicht mehr als zehn Milliliter Kuhmilch pro Kilogramm Körpermasse des Hundes gefüttert werden. Besser geeignet als Kuhmilch sind Naturjogurt, Sauermilch, Hüttenkäse und Magerquark, denn bei diesen Milchprodukten ist der Hauptanteil des Milchzuckers bereits durch Bakterien in die von allen Hunden gut verdauliche Milchsäure umgewandelt worden. Zu beachten ist allerdings, dass Quark und Hüttenkäse viel Phosphor enthalten und durch entsprechende Kalziumgaben ergänzt werden müssen. Kondensmilch gehört nicht in den Hundenapf. Sie

enthält noch wesentlich höhere Gehalte an Milchzucker als Kuhmilch. Auch größere Mengen Sahne oder Butter eignen sich nicht als Hundekost: Sahne ist zu fetthaltig und zu viel Fett macht dick und schadet damit der Gesundheit; Butter ist ebenfalls sehr fettreich und wegen ihres hohen Gehaltes an gesättigten Fettsäuren nur schwer verdaulich.

Eier sind sehr gesund für Hunde, vorausgesetzt sie werden gegart und nicht zu häufig gefüttert – zwei Eier pro Woche sind genug. Rohe Eier bergen erhebliche Gesundheitsrisiken: Erstens können vor allem ältere Eier mit Unmengen der hitzeempfindlichen Salmonellen verunreinigt sein (das betrifft sowohl ihre Schale als auch Eigelb und Eiklar). Zweitens enthält rohes Eiklar Stoffe, welche die Eiweißverdauung hemmen und zu Verdauungsstörungen füh-

*Statt Wurst oder Knochen sollte dem Hund lieber eine geeignete Kaustange angeboten werden.*

## Hinweis

*Wurstwaren sind für Hunde ungesund, denn sie enthalten neben zahlreichen Gewürzen, Geschmacksverstärkern, Räucherstoffen und Phosphat sehr viel Natrium. Besonders herzkranke und alte Tiere vertragen das nicht. Auch das Saitenwürstchen als regelmäßiger Belohnungshappen ist nicht zu empfehlen. Bestimmte Rohwurstsorten wie roher Schinken, Teewurst, Landjäger und Salami können sogar das Aujeszky-Virus in sich bergen, einen für Hunde absolut tödlichen Infektionserreger! Auch Essensreste können Hunden schaden, wenn sie stark gesalzen, scharf gewürzt, gepökelt oder dunkel geröstet sind.*

ren können, so genannte Trypsin-Inhibitoren; darüber hinaus beherbergt rohes Eiklar ein Protein namens Avidin, welches das Vitamin H ( Biotin), das hauptsächlich am Haut- und Haarstoffwechsel beteiligt ist, bindet und damit seine Resorption verhindert. Biotin-Mangel sowie eine schlechte Fellqualität sind die Folge. Die fein zermörserte Schale gekochter Eier ist ein idealer Kalklieferant. Wird die Schale jedoch unzerstoßen verfüttert, noch dazu in großen Mengen, kommt es zu Verstopfung.

Hunde sind Fleischfresser (Carnivoren) – doch zu viel Fleisch beziehungsweise Schlachtabfälle können den Tieren schaden und zu gravierenden Verdauungsproblemen, Skelettschäden, Knochenerweichung und Störungen des Allgemeinbefindens führen. Weicher, übel riechender Kot und eine schlechte Fellqualität sind erste Anzeichen einer übertriebenen Fleischfütterung.

Neben der Menge an Fleisch spielen für die Gesunderhaltung des Hundes auch Art und Zubereitung dieses Nahrungsmittels eine wichtige Rolle: Viel fettreiches Fleisch kann zu Eiweißunterversorgung und damit zu Stoffwechselentgleisungen führen, viel fettarmes Fleisch dagegen (zum Beispiel Geflügel) zu

*Rohes Fleisch gehört nicht in den Hundenapf.*

*Wegen seines hohen Rohfaseranteils ist getrockneter Pansen schwer verdaulich. Zu viel davon ist ungesund. Gelegentlich ein Häppchen zum Knabbern ist aber ideal.*

Durch den Kontakt mit infiziertem Schweinefleisch, etwa auf der Metzgertheke, können die Erreger auch auf Rind-, Lamm oder Geflügelfleisch übergehen. Erhitzen für zehn Minuten bei 75 Grad Celsius tötet diese Viren sicher ab – ebenso andere Keime und Parasiten wie etwa Salmonellen und Bandwurmfinnen. Bei großen Fleischstücken sollte man unbedingt mit einem Einstichthermometer prüfen, ob im Innern die Temperatur erreicht wurde.

Oft und in größeren Mengen verfüttert können auch Schlachtabfälle oder Innereien (etwa das phosphatreiche Herz oder die stark Vitamin-A- sowie schadstoffhaltige Leber) den Stoffwechsel des Hundes erheblich durcheinander bringen, ebenso zu viel Fisch. Für die hausgemachte Hundekost ist es am zweckmäßigsten, die verwendete Fleischsorte regelmäßig zu wechseln; dann lassen sich auch die Antibiotikabelastung (vor allem bei Schweine- und Putenfleisch), die Gesundheitsgefährdung durch hohe Schwermetallgehalte und Pestizidrückstände (zum Beispiel bei Tunfisch beziehungsweise fettreichen Fischarten) sowie die Gefahr der Übertragung von BSE-Erregern (über Rind- und Lammfleisch) gering halten.

Eiweißüberversorgung, und das wiederum schadet vor allem den Nieren.

Rohes Fleisch kann, wie auch Fisch, mit gefährlichen Parasiten und Mikroorganismen verseucht sein: Rohes Schweinefleisch beispielsweise kann die für Hunde tödlichen Aujeszky-Viren (Pseudowuterreger) enthalten.

## Hinweis

*Hunde sind keine Vegetarier! Reine Pflanzenkost bekommt ihnen nicht! Ihr gesamter Verdauungsapparat ist auf die Verarbeitung gesunder, ausgewogener Mischkost ausgelegt.*

*Ungegartes Fleisch kann gefährliche Mikroorganismen enthalten.*

*Durch das Fressen von Mäusen können auch Parasiten und Krankheitserreger aufgenommen werden.*

## Schokolade, Kaffee & Co.

Schokolade und andere Kakaoprodukte können für Hunde tödlich sein. Kakaopulver enthält nämlich den Wirkstoff Theobromin, der bei Hunden zwei bis zwölf Stunden nach der Aufnahme zu Erbrechen, Durchfall, psychomotorischer Unruhe, Zitterkrämpfen und Herzversagen führen kann. Die tödliche Dosis beträgt 100 Milligramm Theobromin pro Kilogramm Körpermasse. Dunkle Schokoladen, Kuvertüren und Kakaopulver sind am gefährlichsten.

Zum Vergleich: 30 Gramm Vollmilchschokolade enthalten bis 70 Milligramm Theobromin; die gleiche Menge an Zartbitterschokolade rund 450 Milligramm, an Backschokolade beziehungsweise Kakaopulver bis 600 Milligramm.

Das heißt: Ungefähr 30 Gramm Backschokolade können einen sechs Kilogramm schweren Hund töten!

Alkohol, Kaffee, Cola und andere stark koffeinhaltige Getränke sind als Durstlöscher oder Genussmittel für Hunde absolut unbekömmlich oder sogar giftig, denn sie haben starke zentralnervöse Effekte, außerdem entsteht während ihres Abbaus Theobromin. Die Symptome einer Vergiftung sind dieselben wie die nach übermäßigem Schokoladenkonsum. Auch Limonaden mit ihrem hohen Zuckergehalt und den zahlreichen chemischen Zusatzstoffen sind für Hunde äußerst ungesund, ebenso größere Mengen an schwarzem Tee. Denn dieser anregende Aufguss enthält neben hohen Konzentrationen an Koffein (früher Tein

*Solch kalte Kost kann Reizungen der Magen-schleimhaut und Erbrechen verursachen.*

schmerzhafter Zahnfäule. Auch Lakritze, der Extrakt der Süßholzwurzel, gehört nicht zwischen Hundezähne. In größeren Mengen konsumiert kann sie zum Ansteigen des Blutdruckes und zum Absinken des Kaliumspiegels führen.

Aber nicht allein Süßes, auch salzig-scharfes oder in heißem Fett zubereitetes stärkehaltiges Knabbergebäck ist für Hunde unbekömmlich und kann, wird es häufig gefressen, zu schwer wiegenden Vitamin- und Mineralstoffmangelzuständen führen. Nach neuesten Untersuchungen enthalten Cornflakes, Kräcker und Kartoffelchips, aber auch Pommes frites und einige Sorten Knäckebrot das toxische Acrylamid. Dieser gesundheitsgefährdende Stoff steht im Verdacht, das Erbgut zu schädigen und Krebserkrankungen auszulösen.

genannt) auch Theobromin.

Den bei heftigem Durchfall auftretenden Flüssigkeitsverlust mit ein bis zwei Tassen schwarzem Tee pro Tag (löffelweise gegeben) zu behandeln ist dennoch empfehlenswert, vorausgesetzt man verwendet dazu den zweiten Aufguss. Auch wenn der Tee dann etwas bitter schmeckt, enthält er nun kaum mehr Inhaltsstoffe, die das zentrale Nervensystem stimulieren, dafür aber viele Gerbstoffe, welche geschädigten Darmwandzellen beruhigen helfen.

Karieserkrankungen kennen Hunde nicht – sofern sie nicht regelmäßig mit süßem Naschwerk gefüttert werden. Denn mit Süßigkeiten wie Würfelzuckerstückchen, Keksen, Kuchen oder etwa Eiscreme lassen sich die wenigen auch im Hundemaul befindlichen Kariesbakterien geradezu kultivieren – mit der Folge

## Hinweis

*Vorsicht Nervengift! Eine einzige Zigarette enthält zehn bis 25 Milligramm Nikotin. Frisst ein Hund Zigaretten, Zigarren, Tabak oder Kautabak oder trinkt er größere Mengen Flüssigkeit aus einer Pfütze, in der ein paar Zigarettenkippen schwimmen, kann er lebensbedrohliche Vergiftungen erleiden. Die Symptome sind Speicheln, Pupillenerweiterung, Untertemperatur, Muskelzittern, Krämpfe und Kreislaufkollaps.*

# Falsche Fütterungstechniken

| Fütterungstechnik | Mögliche Folgen |
|---|---|
| Zu viel Futter | Fettleibigkeit, gesteigerte Infekt- und allgemeine Krankheitsanfälligkeit, kürzere Lebenserwartung |
| Zu fettreiche Mahlzeiten | Durchfall – Fette wirken abführend; Zunahme des Körpergewichtes mit den oben genannten Folgen |
| Zu große Futtermengen pro Mahlzeit | Magenblähungen, Magendrehung |
| Fütterung unmittelbar vor sportlicher Bewegung | Magendrehung |
| Trockenfutter oder kohlenhydrat- beziehungsweise ballaststoffreiches Futter ohne ausreichendes Trinkwasserangebot | Erbrechen |
| Zu kaltes beziehungsweise zu heißes Futter | Magenschleimhautreizung beziehungsweise Speiseröhrenverbrennung |
| Unausgewogene Futtermischungen – zum Beispiel zu viel Eiweiß oder zu große Mengen an Kohlenhydraten | Magen-Darm- und gravierende Stoffwechselstörungen |
| Zu viel Fleisch (Fleisch ist reich an Phosphat, aber arm an Kalzium) | Eiweißüberversorgung, Magen-Darm- und Stoffwechselstörungen, Kalziumunterversorgung |
| Einseitige Fütterung von Schlachtabfällen mit Getreide | Jodmangel, Schilddrüsenfunktionsstörungen |
| Falsche, zu viele oder zu wenige Nahrungszusätze (zum Beispiel Vitamine, Mineralien) <br><br> Wichtig: Bei Ernährung mit Alleinfuttermitteln sind überhaupt keine Zusätze nötig! | Über- oder Unterversorgung mit Vitaminen beziehungsweise Mineralstoffen – Einfluss auf körperliche (zum Beispiel Knochen, Gelenke) und seelische Entwicklung sowie auf das Immunsystem; Mangel an Vitamin C, E und Selen schwächt die Krebs- und Infektabwehr; zu niedrige, aber auch zu hohe Mengen an Kalzium (zum Beispiel Futterkalk) sowie Vitamin D3, vor allem in der Welpennahrung, führen zu Knochenfehlentwicklungen und bleibenden Skelettschäden. |
| Zu viel Leber (mehr als fünf Prozent der täglichen Futterration) | Vitamin-A-Vergiftung, Kalziummangel, wegen des hohen Glykogengehaltes Fehlgärungen im Darm und Durchfall, erhöhte Schadstoffbelastung (Leber als Entgiftungsorgan speichert Gifte!) |
| Regelmäßig Katzenfutter als Nahrung | Eiweißüberversorgung, Kalziummangel; ideal für Rekonvaleszenten, wenn kurzzeitig gefüttert |

## Falsche Fütterungstechniken

| Fütterungstechnik | Mögliche Folgen |
| --- | --- |
| Rohes Fleisch und rohe Innereien | Lebensbedrohende Parasiten-, Viren- und Bakterienerkrankungen |
| Ungegarter Fisch | Lebensbedrohende Parasiten- und Salmonellenerkrankungen, Fischtoxinvergiftung, Vitamin-B1-Mangel (Grund: Das Thiaminase-Enzym im Fisch, ein Vitaminblocker, wurde nicht durch Hitzebehandlung inaktiviert) |
| Zu schneller Futterwechsel | Magen-Darm-Störungen mit Durchfall |
| Zu große Brocken | Würgen, Erbrechen |
| Fütterung von Fleischknochen | Zahnfrakturen, Verletzungsgefahr im Mund- und Rachenraum sowie im unteren Verdauungstrakt, Magen-Darm-Störungen, „Knochenkot", Darmverschluss |
| Verfüttern von Fisch oder Geflügel, die noch große Gräten beziehungsweise leicht splitternde Knochen enthalten | Verletzungsgefahr im Mund-Rachen-Raum und unteren Verdauungstrakt |
| Ein Fastentag pro Woche | Verhaltensauffälligkeiten, denn der Hund versteht den plötzlichen Wechsel in seiner Alltagsroutine nicht |

*Bruchsichere Näpfe aus Metall sind ideal. Sie geben nicht wie viele keramische Näpfe blei- und cadmiumhaltige Farbstoffe ab und können nicht wie Kunststoffnäpfe zerbissen werden.*

*Fisch sollte vor dem Verfüttern ausreichend erhitzt und von großen Gräten befreit werden. Auch Trockenfisch ist geeignet und für den Hund eine Delikatesse.*

*Im Sommer kann es in Süß- und Brackwasserseen zu vermehrter Algenbildung kommen. Vergiftungen durch die Aufnahme über Maul und Haut sind möglich.*

# Verdorbene Lebens- und Futtermittel

## Schimmelpilze und Bakterien

Nahrungsmittel sind nie keimfrei, stets gibt es zahlreiche Bakterien und Pilze, die sich darin oder auf ihrer Oberfläche tummeln. Das ist nicht weiter bedenklich. Käse beispielsweise könnte ohne diese Mikroorganismen überhaupt nicht entstehen. Ein zu hoher Gehalt an einzelnen Mikroben allerdings oder der Besatz mit spezifisch pathogenen (krankheitsauslösenden) Vertretern birgt erhebliche Gesundheitsgefahren. Leider sind Bakterien und Pilzsporen mit bloßem Auge nicht zu erkennen. Doch meist machen sie sich – sind sie massenhaft vorhanden – durch einen veränderten Geruch oder Geschmack des Nahrungsmittels oder durch Schimmelbildung bemerkbar. Diese Veränderungen gilt es durch regelmäßige Kontrollen des Futters zu entdecken oder durch eine geeignete, also kühle und

trockene Lagerung möglichst zu verhindern. Denn besonders üppig vermehren sich Bakterien und Schimmelpilze in einem feuchtwarmen Milieu – und gerade dann produzieren sie diejenigen Stoffe, die für Mensch und Tier so gefährlich, oft sogar giftig sind: Bakterien bilden so genannte Bakterientoxine, Pilze so genannte Mykotoxine oder Schimmelpilzgifte.

Die für Hunde gefährlichsten Schimmelpilzgifte, die ihre Leber, Nieren und ihr Nervensystem chronisch schädigen und darüber hinaus Krebs auslösen können, sind die Aflatoxine, Ochratoxine, Mutterkorn-Alkaloide und Patuline. Außer bei den Patulinen, deren Produzenten hauptsächlich auf Obst wachsen, gedeihen Schimmelpilze bevorzugt auf Getreideprodukten, Nüssen und Ölsamen. Da Mykotoxine recht hitzestabil sind, können sie durch Kochen nicht unschädlich gemacht werden. Sie durchdringen das ganze Lebensmittel, ob Brot oder etwa Äpfel, und finden sich deshalb auch dort, wo weder Schimmelpilzgeflechte noch Braunfäule zu sehen sind. Schimmel großzügig wegzuschneiden genügt demnach nicht zur Erkrankungsprophylaxe. Das ganze befallene Nahrungsmittel gehört in den Mülleimer und keinesfalls in den Hundenapf! Auch unter den Bakterientoxinen gibt es einige, die für Hunde gefährlich sind. Gleichgültig, ob sie zusammen mit einem bereits verdorbenen Nahrungsmittel aufgenommen werden, etwa aus einer bombierten, das heißt vom Innendruck aufgewölbten Konservendose (Exotoxine), oder ob sie sich, wie im Fall des Verzehrs von salmonellenverseuchtem Fleisch, Ei- oder Milchwaren, erst im Hundekörper selber bilden (Enterotoxine): Ihre Aufnahme kann zu Brechdurchfällen, Krämpfen sowie Lähmungserscheinungen führen, dem Krankheitsbild der

Nahrungsmittelvergiftung. Das Gift des Bakteriums *Clostridium botulinum,* das Botulinus-Toxin, wirkt besonders zerstörerisch. Auch wenn Hunde weniger empfindlich darauf reagieren als Menschen, sind die Vergiftungssymptome dennoch gravierend. Wenige Stunden nach der Aufnahme der Bakteriengifte kommt es zu heftigen Schluckbeschwerden sowie Kontraktionsstörungen und Lähmungen von Harnblase und Darm. Lebens- oder Futtermittel aus Dosen, deren Deckel oder Böden stark aufgewölbt sind, dürfen keinesfalls verzehrt werden, auch dann nicht, wenn sie optisch oder geruchlich unverändert erscheinen, denn darin befinden sich mit großer Wahrscheinlichkeit Gifte des Botulinusbakteriums! Vor allem in eiweißreichen hausgemachten Lebensmittelkonserven kann es zur massenhaften Vermehrung dieser gefährlichen Clostridien kommen. Industriell hergestellte Konserven, wie etwa Dosenfutter, sind wegen der strengen Sterilisierungsbestimmungen selten betroffen. Reagiert ein Hund rund zwölf bis 24 Stunden nach der Aufnahme eines roh gefütterten Nahrungsmittels mit leichtem Fieber, (blutigen) Durchfällen und deutlichen Störungen seines Allgemeinbefindens, könnte er sich mit Salmonellen infiziert haben. Eine bakteriologische Kotuntersuchung bringt dann Klarheit. Ist das Ergebnis positiv, wird der erkrankte Hund mit Antibiotika behandelt. Außerdem muss man künftig wieder alle kritischen Futtermittel, also Eier, Fleisch, Fisch und Innereien, ausreichend erhitzen, bevor sie dem Vierbeiner vorgesetzt werden. Tiefgefrieren vermindert die Lebensfähigkeit der Salmonellen nicht! Zu Todesfällen nach Salmonelleninfektion kommt es meist nur bei Tieren mit bereits geschwächter Immunabwehr. In deren Darm vermehren sich die Sal-

*Findet der Hund draußen ein Stück Aas, sollte es ihm weggenommen werden, weil es gefährliche Krankheitserreger enthalten kann.*

monellen besonders drastisch, wobei sie dann auch große Mengen ihres gefährlichen Toxins produzieren – und dieses wirkt bei entkräfteten Tieren verheerender als bei gesunden. Auch über verschmutztes Futtergeschirr ist eine Salmonellenübertragung möglich! Hygiene in der Hundeküche ist deshalb oberstes Gebot.

## Hinweis

*Fertig zubereitetes Hundefutter darf nicht länger als drei Tage im Kühlschrank aufbewahrt werden, sonst verdirbt es. Hausgemachte Hundekost, eingeweichtes Trockenfutter sowie geöffnetes Dosenfutter sollten keinesfalls länger als eine Stunde an der Luft stehen bleiben, sonst nimmt die Keimzahl und damit das Erkrankungsrisiko durch den Verzehr rapide zu.*

*Hunde lieben Pferdeäpfel! Gelegentlich ein kleiner Happen schadet nicht.*

## Nahrungsmittelschädlinge und Parasiten

Trockenfuttermittel sind sehr lange haltbar, aber nur dann, wenn sie gut verschlossen und kühl gelagert werden. Bei Luftkontakt können rasch Feuchtigkeit und Vorratsschädlinge eindringen, die das Futter verderben lassen und ungenießbar machen. Angebrochene Packungen müssen deshalb sofort in einen luftdicht schließenden Behälter umgefüllt werden. Futter, das staubt, säuerlich oder muffig riecht und Schadinsekten oder Milben aufweist, ist verdorben und darf nicht mehr verfüttert werden. Es könnte Erbrechen, Durchfall oder allergische Reaktionen auslösen. Außerdem sind derart befallene Nahrungsmittel nicht mehr vollwertig. Durch den Stoffwechsel von Mikroben und Schädlingen kommt es zu erheblichen Verlusten an wertvollen Inhaltsstoffen, sodass es bei fortgesetzter Fütterung zu ernährungsbedingten Mangelzuständen kommen würde. Für viele Hunde sind Kot, Kadaver, Mäuse, süße Wildfrüchte oder

Fallobst von Streuobstwiesen besonders lecker. Doch der Konsum solcher „Delikatessen" kann sehr gefährlich sein und sollte deshalb unterbunden werden. Parasiten können darin lauern wie etwa Bandwurmfinnen, die im Hundedarm zu erwachsenen fortpflanzungsfähigen Würmern heranwachsen und dabei ihren Wirtorganismus erheblich schwächen.

Extrem gefährlich ist der Fuchsbandwurm, dessen Eier vornehmlich in kleinen Nagetieren und auf Wildfrüchten zu finden sind. Auch der Gurkenkernbandwurm stellt für Hunde ein Problem dar. Seine Eier wandern meist zusammen mit zerbissenen Flöhen in den Hundedarm. Um der Weiterentwicklung und Ausbreitung der Parasiten Einhalt zu gebieten, ist – nach Flohbefall beziehungsweise nach Aufnahme von Aas, Mäusen oder Ähnlichem – eine rasche Entwurmung des Hundes mit einem Breitband-Anthelmintikum angezeigt. Wie bereits erwähnt, kann auch der Verzehr von ungegarten Fleisch- und Fischmahlzeiten Gefahren bergen. Denn Fisch, Fleisch, Innereien und andere Schlachtabfälle können Bandwurmeier enthalten. Gründliches Durchgaren ist der beste Schutz, denn das vertragen die Finnen nicht und sterben ab.

## Ranziges Futter

Fetthaltige Nahrungsmittel sind besonders schmackhaft, können aber auch schnell verderben und dann der Gesundheit des Hundes schaden. Vor allem pflanzliche Öle zersetzen sich rasch. Enthalten sie zudem viele ungesättigte Fettsäuren, geht der Verderbnisprozess noch zügiger voran, denn diese Molekülstrukturen reagieren sehr leicht mit dem Sauerstoff der

*Auch bei Kauartikeln sollte man darauf achten, dass sie nicht ranzig geworden sind.*

Luft und oxidieren, das heißt, sie werden ranzig. Das Gefährliche dabei ist, dass während des Oxidationsprozesses große Mengen der gesundheitsgefährdenden so genannten Peroxide entstehen.

Leider mögen Hunde den typisch ranzigen Geruch von Fett und würden derart verdorbenes Futter mit Genuss verschlingen. Trotzdem darf man es keinesfalls verfüttern, denn Peroxide sind nachweislich in der Lage, die Krebsentstehung massiv zu fördern. Auf das Erhitzen von Hundenahrung in Sonnenblumenöl oder anderen Ölen, die aus vielen ungesättigten Fettsäuren bestehen (und ansonsten wesentlich gesünder sind als solche mit gesättigten Fettsäuren), sollte ebenfalls verzichtet werden, denn auch dabei entstehen Peroxide. Dünsten in etwas Wasser eignet sich besser.

Auch Trockenfuttermittel und Belohnungshappen sind vom Ranzigwerden betroffen. Die Zugabe antioxidativ wirkender Konservierungsstoffe (Antioxidanzien) verhindert dies jedoch weitgehend. Somit bleiben die enthaltenen Fette und fettlöslichen Vitamine länger stabil und bekömmlich – bei luftdichter, dunkler und kühler Lagerung mindestens bis zu dem auf jeder Packung aufgedruckten Mindesthaltbarkeitsdatum. Unter den Antioxidanzien gibt es natürliche sowie chemisch hergestellte; zu den natürlichen zählen die Vitamine C (Askorbinsäure) und E (Tocopherol), das Beta-Karotin und einzelne Spurenelemente wie Selen und Zink.

## Hinweis

*Futtermittel, deren Haltbarkeitsdatum deutlich überschritten ist, sollten nicht mehr verfüttert werden. Sie können starke Vitamin- und Nährstoffverluste aufweisen, selbst dann, wenn sie weder ranzig geworden noch von Schadinsekten befallen sind.*

## Literatur

Bangert, Annegret/Endemann, Britta:
**Das schmeckt Ihrem Hund**
Lüneburg: Cadmos, 2001

Neika, Daniela/Eckenbach-Arndt, Manuela:
**Erste Hilfe am Hund**
Lüneburg: Cadmos, 2001

Rauth-Widmann, Brigitte:
**Die Ernährung des Hundes**
In: Das Deutsche Hundemagazin,
Ausgaben 3/2000 bis 9/2000.

Rauth-Widmann, Brigitte:
**Ernährungs-Spezial**
In: Das Deutsche Hundemagazin,
Ausgaben 12/2002 bis 3/2003.

Vennebusch, Thekla:
**Hunde gesund ernähren**
Lüneburg: Cadmos, 2002